www.entdecke.de

Entdecke die Delfine

Kim Cornelius Detloff

Titelbild: Delfine scheinen immer zu lächeln ...
Rückseite: Auch Schwertwale zählen zu den Delfinen

Seite 1: Mühelos springen Delfine aus dem Wasser
Seite 2/3: Delfine sind intelligent und neugierig

2. Auflage 2022

ISBN: 978-3-86659-411-1

An der Kleimannbrücke 39/41
48157 Münster
Tel.: 0251-13339-0
Fax: 0251-13339-33
E-Mail: verlag@ms-verlag.de
Home: www.ms-verlag.de
Geschäftsführung: Matthias Schmidt
Layout: Barbara Leibig – grafikwerkstatt – BueroB
Lektorat und Bildredaktion: Kriton Kunz
Druck: Drusala, Frýdek-Místek

Titelbild: Shutterstock/Ricardo Canino
Rückseite: Shutterstock/R. Maximiliane
Vorsatz: Shutterstock/Andrea Izzotti

Arco Images GmbH
Seite 4/5: NPL
Seite 7: oben: Westend61
Seite 7: unten: imageBROKER
Seite 8: oben: imageBROKER
Seite 12/13: imageBROKER
Seite 17: oben: FLPA
Seite 19: J.W.Alker/imageBROKER
Seite 21: Colin Marshall/FLPA
Seite 22: unten: FLPA
Seite 25: oben: rechts:TUNS
Seite 27: unten: Minden Pictures
Seite 29: oben: R. Dirscherl
Seite 30: oben: G. Lacz
Seite 34: T. Sch
Seite 35: oben: FLPA
Seite 44: oben: NLP
Seite 44: unten: imageBROKER
Seite 46: unten: NLP
Seite 48/49: imageBROKER
Seite 56: NLP/Richard Robinson
Seite 57: oben: Minden Pictures
Seite 57: unten: Minden Pictures
Seite 58: oben: Peter Verhoog/Buiten-beeld
Seite 61: oben: NLP/Mark Carwardine

GettyImages/Thinkstock
Seite 6: oben: abezikus
Seite 9: unten: GrashAlex
Seite 14: oben: GlobalP
Seite 17: unten: Global_Pics
Seite 23: oben: GlobalP

iStock
Seite 10: unten links: manuahi
Seite 10: unten rechts: ksumano
Seite 16: oben: excentric_01
Seite 16: mitte: DrPAS
Seite 32: eco2drew
Seite 33: atese
Seite 47: Sergio Hanquet
Seite 51: oben: PeakMystique

Juniors@wildlife
Seite 30: unten: Biosphoto/juniors@wildlife
Seite 31: oben: Minden Pictures/Juniors
Seite 54: Biosphoto/juniors@wildlife

Mauritius Images
Seite23: u. links: Universal Images Group North America LLC/DeAgostini/Alamy
Seite 23: unten rechts: Science Source/Photo Researchers
Seite 26: United Archives
Seite 42: 4 v. links: Michael Runkel/imageBROKER
Seite 35: unten: Ian Wood/Alamy
Seite 36: oben: Asia File/Alamy
Seite 36: unten: Asia File/Alamy
Seite 45: History and Art Collection/Alamy
Seite 64: SeaTops/imageBROKER

Minden Pictures
Seite 64: oben: OceanPhoto

Shutterstock
Seite 1: Tory Kallmann
Rückseite: R. Maximiliane
Seite 2/3: Facanv
Seite 10/11: Chase Dekker
Seite 13: oben: LouieLea
Seite 15 unten: lena2016
Seite 18: oben: Joost van Uffelen
Seite 22: oben: Kevin M. McCarthy
Seite 22: mitte: Kondratuk Aleksei
Seite 24: Yann hubert
Seite 28: oben: Anilah
Seite 28: unten: skvalval
Seite 36/37: MicroOne
Sweite 37: oben: lunamarina
Seite 37: unten: Angelo Giampiccolo
Seite 38: unten: think4photop
Seite 39: ganze Seite: freie kreation
Seite 39: unten: G-Valeriy
Seite 40/41: Richard Whitcombe
Seite 42: oben: zeber
Seite 42: 1 v. links: LouieLea
Seite 42: 2 v. links: Chanonry
Seite 42: 3 v. links: aDam Wildlife
Seite 42: 5 v. links: dirkr
Seite 43: Leyasw
Seite 52: Andrew Sutton
Seite 53: Wild_and_free_naturephoto
Seite 55: Tory Kallman
Seite 59: Nuttawut Thongyom
Seite 60: oben: Cguentermanaus
Seite 60: unten: COULANGES
Seite 62/63: Rocky Grimes

Wildlife
Seite 41: S.M. Dawson/BIOS

Sonstige
Seite 20: Uko Gorter
Seite 27: oben: Clearwater Marine Aquarium

Inhaltsverzeichnis

Willkommen in der Welt der Delfine!

Seit Jahrhunderten ziehen uns Delfine magisch an. Sie gehören zu den faszinierendsten Bewohnern der Meere, und es scheint ein ganz besonderes Verhältnis zwischen ihnen und uns Menschen zu geben. Delfine gelten als klug und symbolisieren für uns wie kaum eine andere Tierart das Gefühl von Freiheit und Lebensfreude. Amerikanische Küstenindianer verehren bis heute die „Geister des Wassers“ und sehen in Walen, zu denen auch die Delfine zählen, den Ursprung der eigenen Kultur.

Sind Delfine nicht herrliche Tiere?
Hier springt ein ganzer Trupp Großer Tümmler aus den Wellen.

Auch ihr scheinbares Dauerlächeln macht uns Delfine so sympathisch

In den 1960er-Jahren waren es die Abenteuer des Delfins „Flipper“ in der gleichnamigen Fernsehserie und in Kinofilmen, die Kinder und Erwachsene immer wieder begeisterten. Durch ihn lernten wir, wie schnell sich Delfine im Wasser fortbewegen, wie sie sich über Laute verständigen und auch bei Dunkelheit immer ihren Weg finden können. Oder wie diese Akrobaten der Meere Freundschaften schließen und in Familienverbänden leben.

Es ist unbestritten, Delfine sind wahre „Überflieger unter Wasser“. In Jahrmillionen haben sie sich ihrem Lebensraum perfekt angepasst und sind so ein echtes Erfolgsmodell der Evolution, der Entwicklung der Lebewesen im Lauf sehr langer Zeiträume.

Wal, Delfin oder Tümmler – weißt Du es ganz genau? Sehr oft werden diese Namen von uns durcheinandergeworfen und nicht selten für ein und dieselbe Tierart genutzt. Selbst die Wissenschaftler, die sich mit Walen und Delfinen beschäftigen, die Cetologen (von dem lateinischen Wort cetus =

Der Mensch hatte zu Delfinen schon immer ein ganz besonderes Verhältnis. Hier siehst Du Darstellungen aus dem antiken Kreta, einer griechischen Insel.

Wal), streiten immer wieder über die genauen Verwandtschaftsverhältnisse und die Bezeichnungen.

Dieses Buch soll Dir helfen, zu verstehen, was genau ein Delfin ist, und diese Tiere besser kennenzulernen. Komm mit auf eine fantastische Reise in ihre Welt, den grenzenlosen Ozean. Wir tauchen ab ins tiefe Blau und besuchen eine ganze Reihe faszinierender Arten, lernen Spannendes über ihre außergewöhnlichen Fähigkeiten und staunen über wahre biologische Wunder in der Welt der Delfine!

Ein Taucher beobachtet das Verhalten dieser Großen Tümmler

Ein Atlantischer Fleckendelfin mit seinem Jungtier

Jeder Art ihren eigenen Namen

Um Delfine und andere Lebewesen voneinander unterscheiden zu können, brauchen sie einen Namen. Die Biologie, also die Wissenschaft von den Lebewesen, hat zu diesem Zweck die sogenannte Systematik des Tier- und Pflanzenreichs eingeführt. Mit ihrer Hilfe können wir Merkmale von Arten beschreiben.

Der Begriff „Systematik" kommt aus dem Altgriechischen und heißt in etwa „Ordnung". Als einer der Begründer dieser Unterscheidungen gilt der griechische Wissenschaftler und Philosoph Aristoteles, der bereits 300 Jahre vor Christus, also vor mehr als 2 300 Jahren, eine erste Einteilung von Tieren und Pflanzen vornahm. Eine wahrhaft großartige Leistung! Vor knapp 300 Jahren entwickelte dann der schwedische Naturforscher Carl von Linné die klassische Systematik mit ihrer noch heute gültigen Einteilungsmethode der Millionen faszinierenden Arten, die auf unserer Erde leben.

Weltweit einheitlich

Wissenschaftler geben jeder Art einen zweiteiligen Namen, der aus lateinischen oder ins Lateinische übertragenen Begriffen besteht. Beispielsweise heißt der Große Tümmler wissenschaftlich Tursiops truncatus. Wie Du siehst, wird der erste Name, der sogenannte Gattungsname, immer groß geschrieben. Manchmal kommt noch ein dritter Name dazu, der ebenso wie der zweite klein geschrieben wird: Er steht dann für eine bestimmte Unterart.

Der wissenschaftliche Name ist weltweit einheitlich – so ist immer klar, welche Art gemeint ist, trotz unterschiedlicher Namen in verschiedenen Landessprachen wie Deutsch, Englisch oder Chinesisch.

Delfin ist nicht gleich Delfin

Der schlaue Delfin „Flipper“ aus dem Fernsehen ist ein Großer Tümmler. Mit bis zu vier Metern Länge und 600 Kilogramm Gewicht handelt es sich bei dieser Art um den größten Vertreter der Gruppe der Eigentlichen Delfine.
Die Familie der Delfine, zu der neben den Eigentlichen Delfinen auch die Schwert- und Grindwale, Schwarz-Weiß-Delfine und einige Flussdelfine gehören, zählt etwa 40 verschiedene Arten. Mit „Familie“ ist hier nicht so eine wie bei den Menschen gemeint, mit Eltern und Kindern. Biologen fassen in einer Familie solche Arten zusammen, die nah miteinander verwandt sind, also vor Urzeiten alle denselben Vorfahren hatten.

Wale mit Zähnen und ohne

Weißt Du, wie viele Walarten es eigentlich gibt? Weltweit sind es knapp 90, Tendenz steigend. Die Zahl variiert, je nachdem, welchem Walspezialisten wir dabei folgen möchten und welche Arten und Unterarten mithilfe moderner, wissenschaftlicher Methoden gegeneinander abgegrenzt werden. Sie leben in allen Ozeanen, und einige haben sich sogar an das Leben im Süßwasser angepasst.

Die sogenannten Waltiere gliedern sich in zwei großen Gruppen, wissenschaftlich Unterordnungen genannt. Die eine Unterordnung bilden die Bartenwale mit 14 Arten. Die zweite Gruppe ist die der Zahnwale mit heute 75 Arten. Zu ihnen zählen auch die Delfine.

Wie Du hier unschwer sehen kannst, zählen Delfine zu den Zahnwalen

Bartenwale

Die riesigen Blauwale, Finnwale und ihre Verwandten bilden die Gruppe der Bartenwale. Ihren Namen haben sie von den im Kiefer verankerten Hornplatten, den Barten. Diese bestehen aus Keratin, dem Material, aus dem auch Deine Fingernägel und Haare sind.

Buckelwale kannst Du gut an ihren Höckern auf dem Kopf erkennen. Wie alle Furchenwale haben sie große Hautfalten an Hals und Kehle, um Tausende Liter Wasser mit Beute aufzunehmen.

Zur Nahrungsaufnahme schwimmen Bartenwale mit offenem Maul durchs Meer und nehmen dabei große Mengen Wasser auf. Mit der Zunge drücken sie das Wasser dann durch die Barten wieder nach außen und sieben dabei kleine Fische und Krebstiere heraus, von denen sie sich ernähren.

Der Blauwal ist mit über 30 Metern Länge und mehr als 100 Tonnen Gewicht das größte Tier, das je auf unserer Erde lebte.

Zahnwale

Delfine scheinen immer zu lächeln, auch das macht sie für uns so liebenswert. Jedoch hat dies wenig mit einer immer guten Laune zu tun, sondern damit, dass ihnen bestimmte Gesichtsmuskeln fehlen, wie sie es Dir ermöglichen, auch mal grimmig oder traurig zu schauen. Das freundliche Gesicht sollte Dich also nicht vergessen lassen, dass Delfine geschickte Jäger und Raubtiere sind. Sie haben deshalb spitze Zähne. Dieses Merkmal teilen sie mit der ganzen Gruppe der Zahnwale. Zu ihnen gehören auch die Pottwale, die Dir vielleicht durch die Geschichte vom weißen Wal „Moby Dick“ bekannt sind.

Hat das Gebiss eines Delfins mit seinen kegelförmigen (konischen) Zähnen erst einmal einen Fisch gepackt, gibt es kein Entkommen mehr. Hier siehst Du einen Kleinen Schwertwal, auch Unechter oder Schwarzer Schwertwal genannt.

Pottwale tauchen über eine Stunde und bis über 2 000 Meter tief und machen Jagd auf riesige Tintenfische

Anders als beim Delfin hält den Seehund neben seinem Speck zusätzlich ein dichtes Fell warm. Seehunde können wir auch in der Nord- und Ostsee beobachten.

Säugetiere ohne Fell

Obwohl Delfine ganz ähnlich aussehen wie Fische, gehören sie zu den Säugetieren. In der Regel leben Säugetiere zwar an Land, doch einzelne Gruppen haben im Lauf der Erdgeschichte den Weg zurück ins Meer gefunden. Die Wissenschaft der Tiere, die Zoologie, bezeichnet sie daher als Meeressäugetiere. Zu ihnen gehören neben den Robben, den Seeottern und den Seekühen auch alle Wale und Delfine.

Die Jungen der Säugetiere werden nach ihrer Geburt von der Mutter mit Milch gesäugt, daher der Name. Alle Säugetiere, auch wir Menschen, atmen nicht wie Fische über Kiemen, sondern durch Lungen. Daher müssen auch Delfine immer wieder an die Wasseroberfläche kommen, um Luft zu holen. Doch anders als Pferde an Land oder Robben im Meer haben die Delfine ein weiteres wichtiges Merkmal der Säugetiere verloren: das wärmende Fell. Stattdessen besitzen sie eine glatte Körperoberfläche und eine dicke Speckschicht.

Speck gegen Kälte und für schlechte Zeiten

Sie besitzen zwar kein Fell, aber frieren müssen Delfine trotzdem nicht: Sie fressen sich eine dicke Speckschicht unter der Haut an, den Blubber. Der gut durchblutete Speck schützt vor Kälte. Wenn sich Delfine sehr stark anstrengen, kann der Blubber aber auch überschüssige Körperwärme an das Umgebungswasser abgeben. Wenn wenig Nahrung zur Verfügung steht, oder wenn die Delfinmütter ihre Kälber säugen, dient der Blubber zudem als wichtige Energiereserve.

Das Leben im Wasser

Delfine haben sich im Lauf ihrer Entwicklung perfekt an das Leben im Wasser angepasst. Nur so konnten sie seit Jahrmillionen überleben. Welche wichtigen Eigenschaften sie dazu erlangt haben, erfährst Du auf den folgenden Seiten.

Der richtige Körperbau zählt

Um sich schnell bewegen zu können, haben Delfine wie die meisten Fische einen stromlinienförmigen Körper und einen zugespitzten Kopf, das sogenannte Rostrum. Wie ein Rennwagen, der windschnittig sein soll, bieten sie auf diese Weise dem Wasser wenig Widerstand.

Hände und Füße brauchen Delfine nicht: Sie sind durch den Auftrieb überflüssig geworden und haben sich zu Flossen umgebildet. Die Brustflossen, auch Flipper genannt, geben Stabilität, den Antrieb liefert eine große Schwanzflosse, die sogenannte Fluke. Sie steht nicht wie bei Fischen senkrecht, sondern waagerecht, ist über starke Muskeln mit der Wirbelsäule verbunden und wie eine Flugzeugtragfläche in Schwimmrichtung abgerundet.

Legen Delfine auf ihren Wanderungen weite Strecken zurück, so springen sie häufig aus dem Wasser heraus, um Kraft zu sparen. Ähnlich verhalten sie sich auch bei der Jagd. Das Aufschlagen auf der Wasseroberfläche irritiert und verschreckt die Beute.

Die Körperform der Delfine hat sich bewährt; beim Bau von U-Booten haben wir von der Natur gelernt

Die Nasenöffnung der Delfine ist im Lauf der Entwicklung aus der Gesichtsmitte auf den Kopf gewandert. Die beiden Nasenlöcher sind dabei zu einem einzigen verschmolzen, dem sogenannten Blasloch. So kann der Großteil des Körpers beim Schwimmen an der Wasseroberfläche untergetaucht bleiben, und trotzdem vermag der Delfin zu atmen. Beim Abtauchen kann der Delfin sein Blasloch über Muskeln schließen und so verhindern, dass Wasser in die Lunge läuft.

Viele Delfine haben einen dunkel gefärbten Rücken und eine helle Unterseite. Im Meer ist diese sogenannte Gegenschattierung eine perfekte Tarnung gegenüber Fressfeinden oder Beutefischen.

Von oben gesehen ist der Rücken gegen den dunklen Meeresboden kaum auszumachen, ebenso wie der hellere Bauch von unten gesehen gegen die Wasseroberfläche beziehungsweise den durchschimmernden Himmel.

Auf diesem Bild kannst Du erahnen, welch enorme Geschwindigkeiten der Langschnäuzige Gemeine Delfin dank seiner perfekten Körperform erreicht

Schaust Du Dir die Haut eines Delfins einmal ganz genau an, so fällt auf, dass sie nicht glatt, sondern von feinen Rillen durchzogen ist. Dadurch können bremsende Verwirbelungen des vorbeiströmenden Wassers verringert werden. Zudem sondert die Haut feine Öltropfen ab, sodass die Delfine pfeilschnell durchs Wasser gleiten können. Wir Menschen nutzen diese tolle Erfindung heute auch im Schiffsbau und im Flugzeugbau. Diese Form der Wissenschaft, wenn wir von den großartigen Erfindungen der Natur lernen, heißt Bionik.

Sprinter unter und über Wasser

Schwimmen ist anstrengend, das hast Du bestimmt schon selbst erlebt. Wir brauchen mehr Kraft, um uns im Wasser fortzubewegen, als an Land. Der Grund liegt in der unterschiedlichen Dichte. Denn während ein Liter Luft nur 1,3 Gramm wiegt, also etwa halb so viel wie eine 1-Cent-Münze, kommt ein Liter Wasser auf ein ganzes Kilogramm, so viel wie eine Tüte Milch. Und es kostet natürlich mehr Kraft, kilogrammweise Wasser zu bewegen, als grammweise Luft.
Doch durch eine ganze Reihe körperlicher Anpassungen erreichen Delfine trotz des erhöhten Widerstands Geschwindigkeiten von 50 Kilometern pro Stunde. Sie werden also genauso schnell, wie wir mit dem Auto in der Stadt unterwegs sein dürfen. Um Kraft zu sparen, reiten Delfine gern auf der Bugwelle fahrender Schiffe.

Wenn Delfine unter Wasser fressen, dann trennen sie ihre Luftröhre durch einen speziell geformten Kehlkopf von der Speiseröhre ab, um sich nicht zu verschlucken

Im Rausch der Tiefe: Geheimnisse des Tauchens

Besonders beeindruckend ist für uns immer wieder, dass Delfine so lange und so tief tauchen können, obwohl sie wie Du durch Lungen atmen. Doch während wir beim Ein- und Ausatmen nur 10 bis 15 Prozent der Luft in unseren Lungen austauschen, sind es bei Delfinen 80 bis 90 Prozent. Dafür atmen sie lediglich zweimal bis viermal pro Minute.

Ihren Sauerstoffvorrat nehmen sie dabei nicht allein in der Lunge mit in die Tiefe, sondern große Mengen Sauerstoff speichern sie chemisch im Blut und in den Muskeln. Die roten Blutkörperchen, die Hämoglobine, sind für den Sauerstofftransport im Blut verantwortlich, der Eiweißstoff Myoglobin löst den Sauerstoff aus den Muskeln.

Zudem können Delfine ihre Blutgefäße verengen, dadurch den Verdauungsapparat vom Blutkreislauf abschneiden und nur noch das Gehirn und andere lebenswichtige Organe mit Sauerstoff versorgen. Du siehst, eine weitere perfekte Anpassung an das Leben im Meer!

Schlafen unter Wasser

Auch Delfine müssen schlafen. Allerdings dürfen sie dabei nicht in die Tiefe der Ozeane absinken, denn wie sollten sie sonst regelmäßig an der Oberfläche atmen? Während die großen Bartenwale einfach an der Oberfläche treiben und „dösen", haben Delfine einen ganz besonderen Trick entwickelt. Bei ihnen schläft abwechselnd immer nur eine Hälfte ihres Gehirns. So können sie im Schlaf schwimmen, atmen und bei Gefahr Feinden schnell entkommen.

Delfine können unter Wasser scharf sehen. Außerdem benutzen sie ein Bio-Sonarsystem, beispielsweise um im Sand verborgene Beute aufzuspüren.

Sehen unter Wasser

Hast Du einmal versucht, unter Wasser die Augen zu öffnen? Ohne Tauchermaske sehen wir unsere Umgebung dort nur sehr verschwommen. Um dies auszugleichen, haben Delfine eine sehr starke Augenmuskulatur. Sie ermöglicht es ihnen, die Augenlinse unter und über Wasser gleichermaßen scharf zu stellen.

Dafür sehen sie ihre Welt nicht besonders bunt. Je tiefer wir abtauchen, umso weniger farbig nehmen Mensch und Delfin die Umgebung war. Das liegt daran, dass Wasser als Farbfilter wirkt. Schon nach wenigen Metern verschwindet das rote Licht der Sonne, dann Gelb, Grün und zuletzt Blau. In 400 Meter Wassertiefe dringt nur noch so wenig Licht vor, dass dort fast vollständige Dunkelheit herrscht. Dann spielen Delfine ihren größten Trumpf aus: Sie nutzen ihr eigenes Bio-Sonarsystem, die sogenannte Echolokation. Was genau das ist, erfährst Du im nächsten Kapitel.

Tauchweltmeister unter sich

Bist Du schon einmal bis zum Grund eines Schwimmbads getaucht? Und wie lange konntest Du dabei die Luft anhalten? Wale und Delfine sind absolute Meister des Tauchens. Pilotwale – sie zählen zur Familie der Delfine – können bei der Jagd nach Tintenfischen bis in eine Wassertiefe von 1 000 Metern abtauchen.
Den absoluten Tiefenrekord aber halten die Cuvier-Schnabelwale mit zweistündigen Tauchgängen in über 3 000 Metern Tiefe. Ihren deutschen Namen tragen sie nach dem Naturforscher George Cuvier, der das zuvor unbekannte Tier im Jahr 1823 erstmals beschrieben hat, also vor rund 200 Jahren.

Echolokation – aus Schall wird ein Bild

Wichtiger als das Sehen ist für die Delfine das Hören. Schall breitet sich unter Wasser vier bis fünf Mal schneller aus als in Luft. Ständig sind die Tiere also Geräuschen ausgesetzt, durch Wind, Wellenschlag oder andere Meeresbewohner, aber auch durch Schiffe oder anderen menschgemachten Lärm.

Alle Zahnwale besitzen ein hoch spezialisiertes biologisches Sonar. Ähnlich wie Fledermäuse schaffen sie sich damit über ihr Gehör ein Bild der Welt, in der sie leben. Über eine spezielle Struktur hinter der Stirn, die sogenannte Melone, senden sie gebündelte Schallwellen aus, auch Klicklaute genannt. Treffen diese auf ein Hindernis, etwa den Meeresboden, einen Artgenossen oder einen Fisch, dann werden sie zurückgeworfen. Eine knöcherne Struktur im Unterkiefer des Delfins, das sogenannte akustische Fenster, nimmt die zurückgeworfenen Schallwellen wieder auf. Von dort gelangen sie ins Innenohr, und Nerven leiten die Signale zur Auswertung weiter ins Gehirn. Delfine können so auch in völliger Dunkelheit ihren Weg suchen, Beute finden und sich mit Artgenossen verständigen. Die Echolokation ist also ein wahres biologisches Wunder!

Der Delfin sendet durch Klicklaute Schallwellen aus. Treffen diese beispielsweise auf einen Fisch, werden sie zurückgeworfen. Der Delfin weiß dann genau, wo die Beute sich befindet.

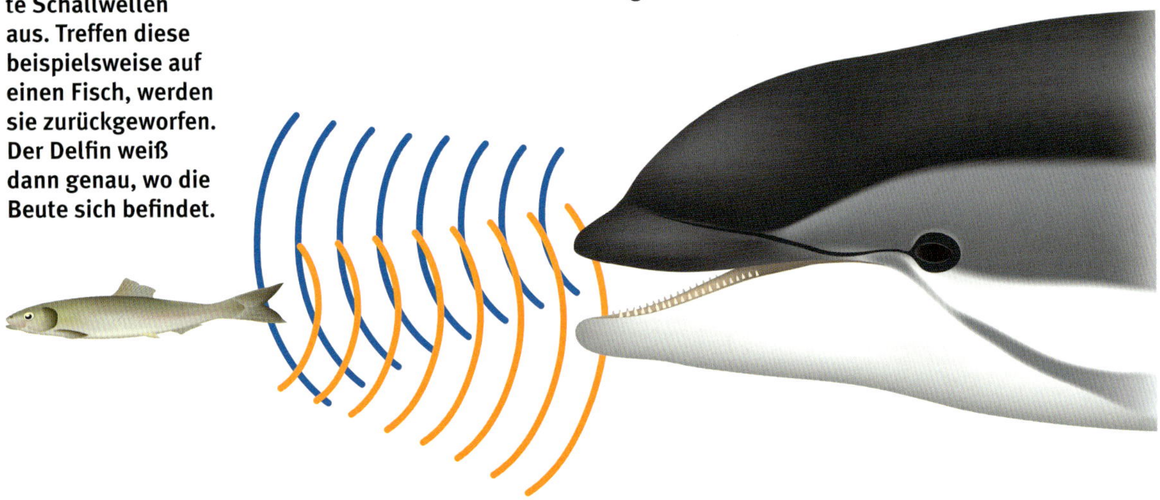

Anders als Delfine und alle anderen Zahnwale verständigen sich die großen Bartenwale nicht über Klicklaute. Sie nutzen sehr tiefe Töne, die als Schallwellen über Hunderte Kilometer durch das Meer wandern und von Artgenossen gehört werden können. Nur so können sich die Tiere in den Weiten der Ozeane zur Fortpflanzung finden. Buckelwale gelten neben den Grönlandwalen als die kreativsten Komponisten unter den Walen. Ihre Gesänge gehören zu den abwechslungsreichsten im ganzen Tierreich.

Fische zählen zu den wichtigsten Beutetieren der Delfine, wie hier des Langschnäuzigen Gemeinen Delfins

Guten Appetit! Die Nahrung der Delfine

Delfine sind geschickte Jäger. Während einige Arten, zum Beispiel Schwertwale, bei der Auswahl ihrer Beute wenig wählerisch sind, haben sich andere Arten sehr stark spezialisiert. So jagen Pilotwale am liebsten Tintenfische, und Flussdelfine verschmähen auch die eine oder andere Muschel oder einen Krebs nicht.

Dieser Delfin hat gelernt, Fische an den Strand zu treiben und dort zu erbeuten

Die Eigentlichen Delfine aber sind in der Regel Fischfresser, das zeigt bereits der Blick auf ihr Gebiss. Ganz oben auf dem Speiseplan stehen Schwarmfische wie Heringe, Sardinen oder auch Makrelen. Besonders spannend sind die vielen unterschiedlichen Jagdtechniken, die Delfine entwickelt haben.

Einige sind bei der Jagd Einzelgänger. Sie nutzen den Überraschungsangriff und ihr hoch entwickeltes Biosonar. Andere setzen auf die Gruppe, treiben die Beute nahe der Wasseroberfläche dicht zusammen und betäuben sie mit Schlägen ihrer Fluke. Mehr zu den unterschiedlichen Jagd- und Überlebensstrategien kannst Du auch in den Artenporträts ab Seite 42 erfahren.

Auch Tintenfische stehen auf der Speisekarte der Delfine

Schlaraffenland für Delfine

In flachem Wasser nahe der Küste nutzen zum Beispiel Große Tümmler eine spektakuläre Jagdtechnik in der Gruppe. Wie im Märchen vom Schlaraffenland springen ihnen die Fische dabei direkt ins Maul. Ein einzelnes Tier schwimmt auf einen Fischschwarm zu und schlägt mit seiner Schwanzflosse mehrfach kräftig auf die Wasseroberfläche. Die Fische geraten in Panik und springen bei der Flucht aus dem Wasser heraus. Das nutzen dann die anderen Mitglieder der Delfingruppe, um die fliehenden Fische direkt aus der Luft zu erbeuten und zu verspeisen.

Vom Meer ans Land und zurück

Sehr lange lebten die Dinosaurier auf der Erde, bis wahrscheinlich der Einschlag eines Meteoriten, eines großen Himmelskörpers, vor ca. 65 Millionen Jahren ihre Herrschaft beendete. Es folgte der Siegeszug der Säugetiere.

Doch dann stieg der Meeresspiegel an, und das Wasser überflutete viele Gebiete. Es wurde eng an Land, und Nahrung und Lebensraum wurden knapp. So passten sich einzelne Säugetiere an ein Leben im Meer an, dorthin, wo alles Leben auf der Erde seinen Ursprung genommen hatte. Der wolfsgroße *Pakicetus* beispielsweise, hatte noch richtige Beine. Er lebte vor 50 Millionen Jahren am Meeresufer, ernährte sich räuberisch und gilt unter Wissenschaftlern als der „erste Wal“. Der drei Meter lange *Ambulocetus* existierte etwa eine Million Jahre später. Seine Gliedmaßen waren bereits an das Schwimmen angepasst, er konnte sich aber auch noch an Land fortbewegen, wahrscheinlich ähnlich wie heutige Robben. Immer stärker passten sich in der Folge die Vorfahren der Wale besser an das Wasserleben an. Der rund 18 Meter lange *Basilosaurus* hatte vor knapp 40 Millionen Jahren endgültig das Meer als Lebensraum gewählt. Seine Hinterbeine waren zurückgebildet.

Ähnlich sah der viel kleinere *Dorudon* aus, der vermutlich auch schon eine Fluke besaß. Von *Dorudon* stammen wahrscheinlich alle heutigen Wale ab, also die beiden Dir bekannten Gruppen der Bartenwale und der Zahnwale.

Überraschende Verwandtschaft

Wale und Delfine sind nahe Verwandte der Paarhufer, einer Ordnung von Säugetieren, zu der auch die Giraffe und das Flusspferd gehören. Alle diese Tiere hatten also vor vielen Millionen Jahren denselben Vorfahren, von dem sie abstammen.

So könnte *Ambulocetus* ausgesehen haben, ein ursprünglicher Wal, der vor 50 Millionen Jahren lebte

Hier siehst Du das Skelett eines *Dorudon*, wahrscheinlich der Vorfahre aller heutigen Wale

Schlaue Delfine

Obwohl es sehr schwer ist, Tiere auf ihre Intelligenz zu untersuchen, gelten Delfine als sehr klug. Ihr Gehirn ist etwa um ein Viertel größer als das des Menschen. Doch nicht nur die Größe ist ein Indiz für ihre Klugheit. Auch bei den Delfinen zeigt sich die wirkliche Intelligenz erst in ihrem Verhalten und daran, ob sie in der Lage sind, schwierige Aufgaben und Probleme zu lösen. Hierzu gibt eine ganze Reihe von Beobachtungen und Studien, die Dich beeindrucken und begeistern werden!

So hat es eine Gruppe von Delfinen in der westaustralischen Shark Bay (sprich: Schark Bey) über Generationen gelernt, ihre sensible Schnauze bei der Suche nach Beute im Meeresboden dadurch zu schützen, dass sie einen Meeresschwamm darüber stülpen. Vermutlich wollen sie dadurch vor allem vermeiden, durch die Stacheln von Seeigeln verletzt zu werden. Diese Methode wird von den Muttertieren ausschließlich an die Töchter weitergegeben. Verblüfft waren Wissenschaftler auch, als sie beobachteten, wie ein ausgewilderter Delfin vor dem australischen Adelaide seinen wilden Artgenossen das „Rückwärtslaufen“ auf der Schwanzflosse beibrachte, ein Kunststück, das sonst nur Tiere in Delfinarien zeigen. Delfine können also wie Du in der Schule oder von den Geschwistern gezielt voneinander lernen.

So alt!

Einige Walarten können sehr alt werden. Als Rekordhalter gilt ein zu den Bartenwalen zählender Grönlandwal mit 211 Jahren. Doch auch Zahnwale erreichen ein bisweilen hohes Alter. So können Schwertwale bis zu 90 Jahre und Streifendelfine bis zu 70 Jahre alt werden. Das Alter lässt sich ähnlich wie die Jahresringe bei Bäumen an den Zähnen ablesen.

Große Tümmler in der Shark Bay in Westaustralien nutzen Schwämme als Werkzeuge bei der Nahrungssuche. So schützen sie ihre empfindliche Schnauze.

Auch frei lebende Delfine können aufgrund ihrer großen Intelligenz beeindruckende Tricks lernen!

Huch, das bin ja ich!

Die Biologin Diana Reiss aus den USA führte Versuche mit Delfinen in einem New Yorker Aquarium durch. Sie malte ihnen eine Farbmarkierung auf die Stirn und gab ihnen die Möglichkeit, sich in einem Spiegel zu betrachten. Dann drehten und reckten sich die Tiere, um die Markierung im Spiegelbild besser betrachten zu können. Ein klares Zeichen dafür, dass sie verstanden, dass sie selbst das da im Spiegel waren, also ein Ich-Bewusstsein besaßen.

Als weitere Zeichen für Intelligenz gelten, dass man Delfine dressieren und ihnen Sprachverständnis antrainieren kann. Dabei nehmen es Delfine selbst mit Schimpansen auf! Sie lernen, sich über einfache Symbolkarten mitzuteilen und ihre menschlichen Trainer nachzuahmen. Dabei erkennen sie Formen wie Dreiecke oder Kreise und können diese einander zuordnen, ähnlich wie Du es beim Memory-Spielen machst.

Doch damit nicht genug: Delfine erkennen sich selbst im Spiegel und haben ein sogenanntes Ich-Bewusstsein, wissen also sozusagen, dass sie existieren. Zudem entwickeln sie häufig einen ganz individuellen, also persönlichen Charakter. Einige sind neugierig, andere eher schüchtern oder im Gegenteil mutig. Also ganz ähnlich wie bei uns Menschen. Diese Form der Individualität ist auch eine wichtige Eigenschaft für das Leben in einer Familie oder großen Gruppe.

Der Delfin Flipper war der Star einer Fernsehserie und von Kinofilmen

Delfine als Fernseh-Stars

Immer wieder wurden Delfine zu Helden in erfolgreichen Fernsehserien und Kinofilmen. So sehr sie Zuschauer fesselten, so fantastisch ihre TV-Abenteuer auch waren, so schwierig war oft ihr eigenes Schicksal.

Flippers Abenteuer

Der Tiertrainer Richard O'Barry war der Erste, der die Delfine zu Fernseh-Stars machte. Gleich fünf weibliche Delfine waren die Erfolgsgaranten für die amerikanische Fernsehserie „Flipper". Ihr schlauer Held eroberte bereits Mitte der 1960er-Jahre die Zuschauerherzen. O'Barry nutzte die Neugier der Tiere, um sie zu dressieren, und erlangte durch Tausende gemeinsame Stunden unter Wasser ihr Vertrauen. Trotzdem gehörten auch Stress und Futterentzug zu den täglichen Dreharbeiten, denn in der Regel vollführten die Delfine ihre Kunststücke nur, wenn sie Hunger hatten und bei Erfolg mit Fisch belohnt wurden. So war „Flipper" eine Mischung aus den tatsächlichen Fähigkeiten der schlauen Meeressäugetiere und der Illusion Hollywoods.

Nach dem traurigen und einsamen Tod der ersten beiden „Darstellerinnen" im Aquarium von Miami änderte sich die Einstellung des erfolgreichen Delfintrainers. Heute spricht sich O'Barry wie auch viele Walforscher gegen Haltung und Dressur von Delfinen aus. Er beobachtet sie lieber frei schwimmend im Ozean.

Winter – Mein Freund, der Delfin

In dem Kinofilm „Mein Freund, der Delfin" wird die wahre Geschichte eines weiblichen Großen Tümmlers erzählt, der im Jahr 2005 schwer verletzt am

Strand von Florida angespült wurde, einem Bundesstaat im Süden der USA. „Winter", wie der Tümmler genannt wurde, hatte sich in einem Fischernetz verheddert und wurde von dem Jungen Sawyer in eine Station für verletzte Meerestiere gebracht. Die Verletzung war so schwer, dass die Schwanzflosse amputiert werden musste. Spezialisten fertigten eine Flossen-Prothese an, und der Delfin überlebte. Zwar lernte „Winter" mit der Prothese zu schwimmen, doch ein Leben in Freiheit, die Jagd nach Fischen und damit eine Auswilderung zurück ins Meer waren so nicht mehr möglich. Heute lebt „Winter" mit anderen verletzten und geretteten Meerestieren im Clearwater-Meeresaquarium in Florida und gibt auch Menschen mit körperlichen Behinderungen neuen Lebensmut.

Der schwer verletzte Delfin „Winter" erhielt eine Schwanzflossen-Prothese

Free Willy – Ruf der Freiheit

In den 1990er-Jahren begeisterte ein Schwertwal die Kinobesucher. In dem Film „Free Willy" wird die Geschichte des 12-jährigen Jungen Jesse erzählt, der dem Schwertwal „Willy" zur Flucht aus einem Vergnügungspark verhilft. Bei seiner Arbeit im Vergnügungspark freundet sich Jesse mit „Willy" an. Der Junge bringt dem riesigen Zahnwal Kunststücke bei und darf mit ihm auftreten. Als Jesse erfährt, dass der Parkbesitzer „Willy" töten will, um an Versicherungsgelder zu kommen, rettet er den Wal in einer dramatischen Aktion und setzt ihn im Meer aus.

Die wahre Geschichte des tierischen Hauptdarstellers, des Schwertwals „Keiko", endete leider nicht so glücklich. Nach Jahren in einem mexikanischen Freizeitpark versuchten ihn Tierschützer wieder auf ein Leben in Freiheit vorzubereiten. 2002 wurde er vor Island ausgewildert, wo er 1979 gefangen worden war. Nach nur einem Jahr in Freiheit starb er an einer Lungenentzündung.

Der Schwertwal „Keiko" begeisterte Millionen Menschen, starb aber bereits im für Schwertwale jungen Alter von 26 Jahren

Delfinshows sind eindrucksvoll und ziehen viele Menschen an. Aber ob die Delfine auch wirklich artgerecht gehalten werden?

Leben hinter Glas und Beton

Einem Delfin einmal ganz nah sein, das ist der Traum eines jeden Kindes. Jahrelang stieg daher die Zahl von Delfinarien. Heute wissen wir, dass die klugen und sozialen Meeressäugetiere in den kleinen Betonbecken und außerhalb ihres Familienverbandes nicht artgerecht leben können. Die Tiere leiden und vereinsamen oder werden in Einzelfällen sogar aggressiv, wie der traurige Fall des Schwertwals „Tilikum“ im Sea-World-Freizeitpark in den USA zeigte.

Ein Leben von Delfinen in der Obhut der Menschen sollte daher aus meiner Sicht nur in Ausnahmefällen erlaubt sein, wenn die Tiere verletzt sind oder, wie uns das Beispiel des Delfins „Winter“ gezeigt hat, nicht mehr allein im Ozean überleben können. Die bessere Alternative zu den Delfinarien stellen heute Beobachtungs-Touren von Walen und Delfinen in Freiheit auf der ganzen Welt dar.

Delfinen hautnah zu begegnen, ist unvergesslich. Allerdings ist sehr umstritten, ob man sie überhaupt halten sollte.

Dolphin Watching – Delfine in der Natur beobachten

Die bessere Alternative ist sicher, die wundervollen Tiere in ihrem Lebensraum zu beobachten

Hast Du schon einmal einen Wal oder Delfin gesehen? Delfine beim Springen oder Reiten auf der Bugwelle eines Bootes zu beobachten, gehört ganz sicher zu den spannendsten Naturerlebnissen. Immer mehr Menschen möchten diese Erfahrung teilen. Deshalb steigt auch die Zahl der Anbieter von Whale-Watching- beziehungsweise von Dolphin-Watching-Touren. Übersetzt bedeutet das nichts anderes, als Wale und Delfine in ihrer natürlichen Umgebung zu beobachten. Das kann von Land aus geschehen, wenn ich mit einem Fernglas auf Entdeckungstour gehe, noch besser aber von einem Boot aus. Das sollte rücksichtsvoll geschehen. Sonst bekommen die Tiere Angst, und das Erlebnis ist schnell vorbei. Denn Du musst wissen: Schwimmen die Delfine an der Wasseroberfläche, dann ruhen sie sich oft von ihren anstrengenden Tauchgängen aus oder führen ihre Familienmitglieder zusammen. Jetzt sollten sie nicht gestört werden. Am besten ist es, wenn die Delfine selbst neugierig zum Boot kommen.Weltweit gibt es tolle Orte zum Beobachten von Delfinen. In Deutschland, vor allem an der Südspitze der Insel Sylt, kannst Du zum Beispiel Schweinswale treffen, sehr nahe Verwandte der Delfine. Schwertwal-Touren werden beispielsweise in Norwegen und Island angeboten, Flaschennasen-Delfine lassen sich vor Wales beobachten. Rund um die kanarische Insel La Gomera leben etwa 30 Arten von Walen und Delfinen. Der Meeresschutzverein M.E.E.R. e.V. und der Anbieter Oceano haben sich auf eine schonende Form des Whale Watching spezialisiert. Die umgebauten Fischerboote nehmen maximal zehn Personen an Bord, nähern sich den Delfinen sehr langsam, und Biologen erzählen Wissenswertes über die Tiere. Gleichzeitig erforschen Wissenschaftler, ob sich das Verhalten der Tiere in der Gegenwart der Menschen ändert.

Junge Delfine oder Delfinbabys können von Anfang an hervorragend schwimmen

Geboren im und für das Meer

Delfine werden im Alter von fünf bis zwölf Jahren erwachsen, können dann also Junge bekommen. Männchen streiten häufig untereinander um die Weibchen. Langjährige Partnerschaften gibt es nicht. Manchmal leben die Geschlechter das ganze Jahr getrennt voneinander und kommen nur zur Paarung zusammen.

Wie bei den meisten Säugetieren wachsen Delfinbabys gut geschützt im Bauch der Mutter heran. Nach zehn bis 16 Monaten wird ein einzelnes Junges geboren, Zwillingsgeburten sind selten. Steht die Geburt bevor, sucht die Mutter die Nähe anderer Weibchen auf, die Hilfe und Schutz vor Feinden bieten. Die eigentliche Geburt dauert nur wenige Minuten. Du erinnerst Dich, dass Delfine wie wir Menschen Luft atmen. Käme es mit dem Kopf voran zur Welt und die Geburt würde aus irgendeinem Grund länger dauern, so würde das Junge ertrinken. Darum wird das Baby mit der Fluke, der großen Schwanzflosse, voran geboren und muss anschließend schnell für die ersten Atemzüge an die Wasseroberfläche schwimmen.

Geboren werden Delfine mit dem Schwanz voraus

Dieser junge Commerson-Delfin bekommt von seiner Mutter noch Milch, obwohl er schon recht groß ist

Viel Trinken, um schnell zu wachsen

Während die menschliche Muttermilch nur vier bis fünf Prozent Fett enthält, sind es bei Delfinen bis zu 40 Prozent. Dadurch wächst das Baby sehr schnell. In sechs bis zwölf Monaten kann sich die Körperlänge verdoppeln und das Gewicht versiebenfachen. Spätestens nach zwölf Monaten ist dann aber Fisch viel leckerer als die Milch der Mutter.

Nach den ersten Schwimmversuchen kommt der Hunger. Aber wie trinken, wenn man keine Lippen hat? Dafür hat sich die Natur einen besonderen Trick einfallen lassen. Berührt das Baby die Zitzenfalten der Mutter, so kann diese über besondere Muskeln eine fettreiche, cremeartige Milch verspritzen, direkt ins Maul des Jungtiers.

Ein junger Delfin sieht seinen erwachsenen Verwandten bereits sehr ähnlich. Unterschiede gibt es in der Körperfärbung und der Körpergröße. Oft sind kleine Delfine anfangs einheitlich grau gefärbt. Spezielle Farbmuster wie bei den Fleckendelfinen oder den Rundkopfdelfinen sind erst mit zunehmendem Alter zu erkennen. Deshalb ist es für Biologen oft schwierig, bei jungen Tieren die Art zu erkennen. Ein Großer Tümmler wiegt bei der Geburt 30 bis 35 Kilogramm und ist etwa einen Meter lang.

Ein Leben in der Familie

Für Delfine wie diese Grindwale ist der Zusammenhalt in der Familie extrem wichtig

Wie für Dich ist die Familie auch für Delfine sehr wichtig. Oft leben sie in großen Gruppen von bis zu mehreren Hundert Tieren. Die einzelnen Mitglieder kennen sich dabei untereinander und pflegen bisweilen enge Beziehungen. Bei Pilotwalen bleibt die Gemeinschaft ein ganzes Leben lang zusammen. Häufig hat dabei sozusagen die Oma das Sagen, also ältere, erfahrene Weibchen. Bei Schwert- oder auch Grindwalen sprechen wir dann von einer matriarchalen Gesellschaft. Das Wort „matriarchalisch" kommt vom lateinischen mater = Mutter und dem altgriechischen archein = herrschen.

Wie eng das Familienverhältnis bei Delfinen sein kann, zeigen auch Fälle von Trauer. Im Sommer 2018 trug eine Orca-Mutter an der kanadischen Pazifikküste ihr totes Neugeborenes über zwei Wochen lang auf einer Strecke von 1 600 Kilometern mit sich, ehe sie sich von ihrem Nachwuchs trennen konnte. Ein beeindruckendes Zeichen von Zuneigung, Gefühl und Intelligenz.

Bündnisse über die eigene Art hinaus

Pilotwale und Große Tümmler teilen sich den gleichen Lebensraum. Bei Gefahr durch Schwertwale konnte beobachtet werden, wie sich die stärksten Tiere beider Arten gemeinsam den Angreifern stellten und deren Attacken abwehrten. Es gibt bei Delfinen also auch Freundschaften und Allianzen über die eigene Art und Familie hinaus.

Gemeinsam sind wir stark

Gerade auf der Jagd und bei Gefahr bietet eine Gruppe viele Vorteile. Viele Delfine fressen Fische wie Sardinen oder Makrelen. Diese sind jedoch selbst sehr schnelle Schwimmer und nicht leicht zu erbeuten. Auch nutzen Fische zur Verteidigung eine sehr erfolgreiche Taktik der Verwirrung, das Leben im Schwarm. Gehen die Delfine aber gemeinsam auf Jagd, so können sie leichter den Schwarm auflösen und einzelne Fische erbeuten. Große Haie oder auch Schwertwale können gerade jungen oder kranken Delfinen gefährlich werden. Die Familie bietet dann Schutz, indem die Angreifer sich nicht auf ein einzelnes Tier konzentrieren können und sich aufteilen müssen. Gleichzeitig stellen sich die erwachsenen und starken Gruppenmitglieder dem Angreifer, lenken die Aufmerksamkeit auf sich und ermöglichen den schwächeren Tieren die Flucht.

Im Kindergarten bist Du nie allein

Schaffst Du es immer, auf Deine Eltern zu hören? Von Delfinjungen jedenfalls lässt sich das nicht sagen. Viel zu spannend ist die neue Welt, die es zu erkunden gilt. Müssen die Mütter abtauchen, um auf Jagd zu gehen, versammeln sie die jüngeren Tiere in „Kindergärten“, die von einer Tante oder auch den älteren Geschwistern angeführt und beaufsichtigt werden. So bleibt die Gruppe zusammen, niemand geht verloren. In den Kindergärten werden wichtige Erfahrungen an die Jungtiere weitergeben, und der Zusammenhalt der Gruppe wächst.

Bei der gemeinsamen Jagd schwimmen Delfine mit hohem Tempo in Fischschwärme und versuchen mit heftigen Schlägen der Fluke, den Schwarm aufzulösen und so leichter Beute zu machen

Die Sprache der Delfine

Delfine können unterschiedliche Klicklaute erzeugen – eine ganz eigene Sprache. Es gibt spezielle Signale zur Abstimmung bei der Jagd, bei Gefahr oder um sich mit den Mitgliedern der eigenen Gruppe zu verständigen.

Bei einzelnen Gruppen, die isoliert und weit weg von anderen Artgenossen leben, entwickeln sich Dialekte, also Varianten einer Sprache. Ähnlich wie Du vielleicht erkennen kannst, ob jemand aus Bayern oder aus Sachsen kommt, so vermögen Wissenschaftler die Töne der Delfine zu unterscheiden und bestimmten Arten oder manchmal selbst einzelnen Gruppen zuzuordnen.

Besonders gut untersucht ist die Sprache der Schwertwale. Sie besitzen einen eigenen und sehr komplizierten Wortschatz aus Klicks, Pfeiftönen und auch ganzen Abfolgen von Tönen und Rufen. Nah verwandte Familienverbände und andere, entfernt lebende Gruppen haben auch hier unterschiedliche Dialekte, wie Beobachtungen zum Beispiel an der kanadischen Küste zeigen.

Schwertwale verständigen sich durch verschiedenste Laute

Fremdsprachen lernen

Große Tümmler und Schwerwale leben häufig in direkter Nachbarschaft. Schwertwale übernehmen dann bisweilen Tonfolgen ihrer kleineren Verwandten, ahmen sie nach und bauen die neuen Töne in ihre eigene Sprache ein. Sie lernen sozusagen „Delfinisch".

Dieser Breitschnabeldelfin ist als Einzelgänger unterwegs

Einzelgänger – ein Leben abseits der Gruppe

Delfine leben normalerweise in Gruppen. Trotzdem gibt es weltweit auch Beispiele für allein lebende Tiere. Insbesondere bei Großen Tümmlern können wir immer wieder beobachten, dass diese Einzelgänger die Nähe von Menschen suchen.

Ein Beispiel ist die Delfindame „Mara“ an der Küste Irlands. Sie ist seit Jahren die beste Freundin von Ute Margreff, einer deutschen Walforscherin. Jeden Tag schwimmen beide zusammen im wilden Atlantik, beobachten sich und lernen voneinander.

Warum die Tiere isoliert leben, ist nicht bekannt. Wissenschaftler vermuten, dass sie aus ihren Familien verstoßen wurden, weil sie unfruchtbar sind. Manchmal handelt es sich auch um Delfine, die von Menschen dressiert und später ausgewildert wurden, wie der ehemalige Delfin der US-Marine „Jojo“ auf Hawaii. Wenn diese Tiere dann von keiner anderen Delfin-Gruppe aufgenommen werden, suchen sie wieder die Nähe ihrer alten Weggefährten, der Menschen.

Fungie – ein Delfin verändert eine Stadt

Der bekannteste Einzelgänger unter den Delfinen ist „Fungie“, ein männlicher Großer Tümmler, der sich den irischen Küstenort Dingle vor 20 Jahren als neue Heimat wählte. Er begleitet Fischer und nähert sich Booten oder Schnorchlern. Inzwischen hat der Tümmler den Ort verändert. Fischer bieten Ausflugsfahrten mit dem Delfin an, Souvenirläden verkaufen Bilder und Figuren von „Fungie“. Eine Million Menschen kommen jedes Jahr nach Dingle, um „Fungie“ zu treffen.

Delfine in Gefahr

Trotz ihrer perfekten Anpassungen an den Lebensraum Meer leben auch Delfine gefährlich. Während ihre natürlichen Feinde sich auf wenige Hai-Arten oder Schwertwale beschränken, sind leider wir Menschen ihre größte Bedrohung. Bis Mitte des 20. Jahrhunderts verfolgte der Mensch die Wale, erst 1986 beendete ein internationales Abkommen die grausame Jagd.

Heute gibt es eine ganze Reihe von internationalen Übereinkommen und Organisationen, die sich für den Schutz von Walen und Delfinen einsetzen.

In Japan wird das Fleisch von Walen und Delfinen im Supermarkt angeboten

Jagd auf Delfine

Nur sehr wenige Nationen jagen auch heute noch Wale und Delfine. Vor den Färöer-Inseln im Nordatlantik findet der sogenannte Grindaráp statt, eine traditionelle Jagd auf Grindwale. Hunderte Tiere werden jedes Jahr trotz internationaler Proteste getötet. Ähnlich sieht es im japanischen Taiji aus. Dort treiben Boote Delfine in enge Buchten, um einzelne Große Tümmler zu fangen und an Delfinarien zu verkaufen. Die meisten Tiere aber werden getötet, ihr Fleisch wird verkauft.

Es braucht Zeit, bis sich die Denkweise aller Menschen dahin verändert hat, dass Delfine faszinierende Geschöpfe sind, die eine wichtige Rolle im Lebensraum Meer einnehmen. Immer mehr setzt sich aber die Meinung durch, dass die Jagd auf Wale und Delfine in modernen Gesellschaften keinen Platz mehr hat. Vielmehr wollen wir die Tiere in ihrem natürlichen Lebensraum existieren lassen, ihnen auf dem Meer begegnen und uns beim Whale Whatching von ihnen begeistern lassen.

Hier treiben japanische Fischer Delfine zum Strand, um sie dort leicht erbeuten zu können

Überfischung und Beifang

Weltweit werden jedes Jahr fast 90 Millionen Tonnen Fisch in den Meeren gefangen. Jeder Deutsche isst pro Jahr im Durchschnitt etwa 14 Kilogramm. So durchkreuzen zehntausende Fangschiffe die Ozeane auf der Suche nach Fisch. Viele Fischbestände sind schon so stark überfischt, dass auch Delfine immer größere Mühe haben, genug Nahrung zu finden. So stehen wir Menschen in direkter Konkurrenz zu Delfinen und müssen sehr sorgsam aufpassen, dass wir die Meere nicht eines Tages leer gefischt haben.

Ein weiteres Problem dabei ist, dass einzelne Delfinarten oft gemeinsam mit großen Fischschwärmen durch die Meere wandern. So begleiten gerade Flecken- oder Spinner-Delfine gern Gelbflossen-Thunfische. Wenn die Thunfische dann mit riesigen Netzen eingekreist und gefangen werden, sterben leider sehr oft auch unbeabsichtigt die Delfine.

Hier sind italienische Fischer auf der Jagd nach Thunfischen, wie Du oben auf der Seite einen siehst. Dabei werden unbeabsichtigt immer wieder auch Delfine getötet.

Keine Stille im Meer

Bist Du schon einmal im Meer getaucht? Dann weißt Du auch, dass es unter Wasser ständig rauscht, knackt und pfeift es, wenn Wellen brechen, Fische an Korallen knabbern oder Delfine ihre Echoortung einsetzen. Doch zu diesen natürlichen Geräuschen verursachen wir Menschen zusätzlichen Lärm. Schiffspropeller drehen sich und schwimmende Bagger holen Kies und Sand an die Oberfläche. Hunderte Windparks und Ölplattformen entstehen fern der Küsten. Kommt ein Delfin zu dicht an so eine Baustelle, kann das für ihn sehr gefährlich werden, wenn sein empfindliches Gehör verletzt wird. Immer schwieriger ist es für die Meeressäuger, stille Regionen im weiten Ozean zu finden, Artgenossen zu treffen und ihre Jungtiere großzuziehen.

Zu laut!

In den letzten Jahrzehnten hat sich der vom Menschen verursachte Lärm in jedem Jahrzehnt verdoppelt. Wandernde Bartenwale finden deshalb ihre Artgenossen nicht mehr, um sich fortzupflanzen. Und auch Delfine sind zunehmend in Gefahr. So kam es im Jahr 2008 zur Massenstrandung von mehr als 100 Breitschnabeldelfinen vor Madagaskar, als sogenannte Druckluftkanonen zur Suche nach Erdöl eingesetzt wurden. Die Delfine gerieten durch den Lärm in Panik, strandeten im flachen Küstenwasser und starben.

Riesige Ölplattformen verursachen eine Menge Lärm

Achtung: Delfin voraus!

Die Ozeane sind wichtige Handelswege. Zehntausende Container- und Kreuzfahrtschiffe, Fähren, Fischkutter und Freizeitboote fahren auf den Meeren. Damit besteht die Gefahr, dass Schiffe mit Walen und auch Delfinen zusammenstoßen. Oft tragen die Tiere schwere Verletzungen davon oder sterben. Je schneller ein Schiff unterwegs ist, umso schwerer wird es für die Meeressäugetiere, auszuweichen.

Oben und links: Schiffsschrauben können Delfine schwer verletzen

Geisternetze – unsichtbare Gefahr

Jedes Jahr gehen Tausende Fischernetze verloren. Sie fallen bei Sturm über Bord oder reißen an Riffen oder Schiffswracks ab. Und doch fischen sie als sogenannte Geisternetze immer weiter. Denn der Kunststoff, aus dem die Netze geknüpft sind, ist sehr beständig und hält Jahrzehnte.

Lange Zeit treiben die Netze weiter durch die Ozeane, und viele Delfine, aber auch Vögel, Schildkröten und Fische verfangen sich darin und sterben.

Die Meere sind heute vielerorts sehr schmutzig. Insbesondere Plastik ist eine Gefahr für die Tierwelt. Plastikflaschen- und tüten, aber auch Verpackungen werden von den Meeresbewohnern gefressen. Oft sterben sie dann mit einem Magen voll Plastik. Wir müssen also alle sehr sorgsam mit Kunststoffen umgehen.

Hier entfernen Taucher ein riesiges Geisternetz, das ansonsten vielen Fischen und Delfinen zum Verhängnis geworden wäre

Müllkippe Meer

Wissenschaftler schätzen, dass durchschnittlich unglaubliche acht Millionen Tonnen Plastikmüll allein von Land jedes Jahr in die Weltmeere gelangen. Das entspricht einer LKW-Ladung Müll jede Minute. Nehmen wir das durchschnittliche Gewicht eines erwachsenen Schwertwals, fünf Tonnen, dann gelangt so die Menge Müll ins Meer, die 1,6 Millionen Walen oder mehr als 300mal dem Gewicht des Berliner Fernsehturms entspricht. Eine unvorstellbare Menge!

Ein seltener Hector-Delfin hat sich in einem sogenannten Geisternetz verfangen und muss unweigerlich ertrinken, wenn er sich nicht sehr rasch daraus befreien kann

Artenporträts von Delfinen weltweit

Die Zahnwale umfassen etwa 75 Arten, die sich auf zehn große Familien verteilen, also zehn Gruppen nah miteinander verwandter Arten. Die Familie der Delfine zählt mehr als 35 Arten. Darüber hinaus möchten die schlaue Eule Xabi und ich Dir zwei weitere spannende Gruppen der Zahnwale vorstellen, die mit den echten Delfinen verwandt sind, nämlich die Flussdelfine und die Schweinswale, von denen eine Art auch an den Küsten Deutschlands vorkommt.

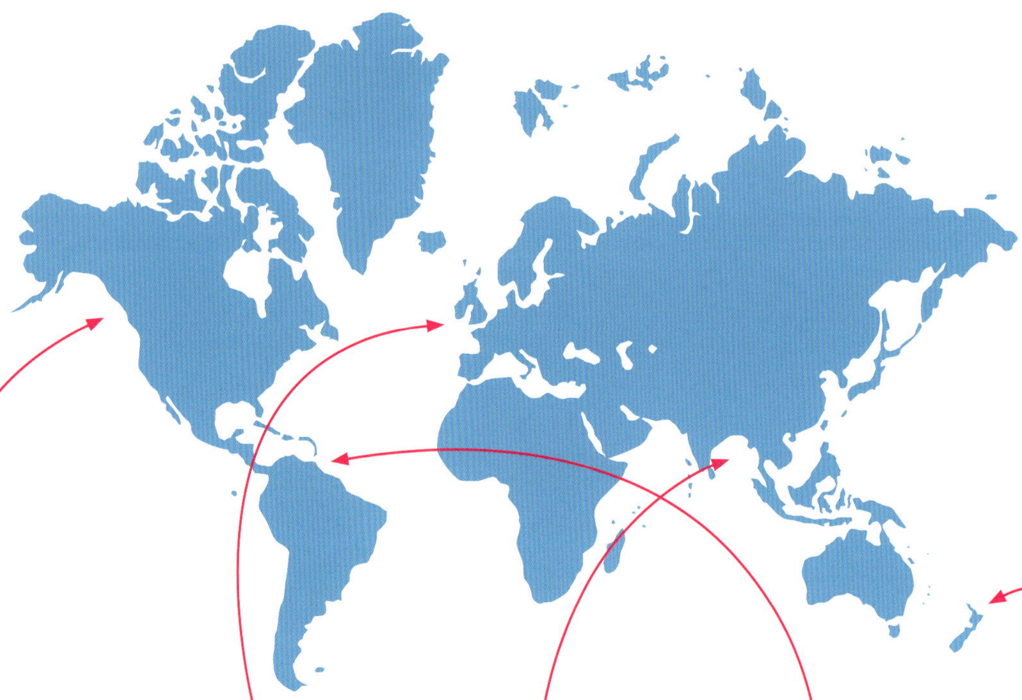

Weißstreifendelfine leben in Gewässern des Nordpazifiks

Große Tümmler sind weltweit verbreitet, außer vor der Arktis und der Antarktis. Sie leben auch in Europa.

Südostasien bewohnt der Irawadidelfin

Der Guyana-Delfin lebt an den Karibik- und Atlantikküsten Mittel- und Südamerikas sowie im Maracaibo-See

Erst im Jahr 2011 entdeckt wurde de Burrunan-Delfin, der im Südosten Australiens lebt

Übersicht der heute mindestens 35 Arten umfassenden systematischen Familie der Delfine – Wissenschaftler nennen diese Familie übrigens Delphinidae. Fett gedruckt sind die Arten, zu denen Du im Buch nähere Beschreibungen findest:

Schwarz-Weiss-Delfine	Eigentliche Delfine	Schwert- und Grindwale	Glattdelfine	Irawadi-Delfine	Rauhzahn- und Langschnabel-Delfine
Commerson- Delfin	**Gewöhnlicher Delfin** oder auch Gemeiner Delfin	Zwerggrindwal	Nördlicher Glattdelfin	Australischer Stupsfinnendelfin	Amazonas-Sotalia
Weißbauchdelfin	Langschnäuziger Gemeiner Delfin	**Indischer Grindwal**	**Südlicher Glattdelfin**	Irawadi-Delfin	Chinesischer Weißer Delfin
Heaviside-Delfin	Borneo-Delfin	Gewöhnlicher Grindwal			Kamerunfluss-Delfin
Hector-Delfin (Unterart **Maui-Delfin)**	Weißseitendelfin	**Rundkopfdelfin**			Rauzahndelfin
	Weißschnauzendelfin	**Schwertwal**			
	Peale-Delfin	Breitschnabeldelfin			
	Stundenglasdelfin	Kleiner Schwertwal			
	Weißstreifendelfin				
	Schwarzdelfin				
	Schlankdelfin				
	Clymene-Delfin				
	Streifendelfin oder auch Blau-Weißer Delfin				
	Zügeldelfin				
	Spinnerdelfin				
	Großer Tümmler				
	Burrunan-Delfin				
	Indopazifischer Großer Tümmler				

Einige nahe Verwandte der Delfine, die Du auch in diesem Buch kennenlernst:

Schweinswale	Fluss-delfinartige
Gewöhnlicher Schweinswal	**Amazonasdelfin**
Vaquita oder auch Kalifornischer Schweinswal	**Chinesischer Flussdelfin**

Manche Schwertwale schwimmen sogar auf den Strand, um dort Robben zu erbeuten

Schwertwale – perfekte Jäger

Sie heißen „Wale“, und doch sind Schwertwale, auch Orcas genannt, mit bis zu neun Metern Länge und neun Tonnen Gewicht die größte Art der Delfine. Da sie ihre Beute sehr effektiv erlegen, haben ihnen Walfänger auch den Namen „Killerwale“ gegeben, also „Mörderwal“. Du brauchst aber keine Angst vor ihnen zu haben. Trotz ihrer enormen Kraft und ihrer bis zu zwölf Zentimeter langen Zähne gibt es keinen nachgewiesenen Fall, dass Orcas Menschen im Meer angegriffen hätten.

Männchen sind an der Wasseroberfläche leicht an ihrer schwertförmigen, bis zu zwei Meter langen Rückenflosse

Trotz seines Namens ist der Schwertwal ein richtiger Delfin

zu erkennen. Beim Weibchen ist diese kürzer und sichelförmig.
Orcas werden bis zu 90 Jahre alt. Ihre Jungen wiegen bei der Geburt 200 Kilogramm und sind bereits 2,50 Meter lang.

Schwertwale leben in den kalten Meeren, oft nahe der Eisgrenze. Es gibt ortstreue Gruppen und solche, die weite Wanderungen durch die Ozeane vornehmen. Schwertwale jagen vor allem Fische. Dabei wenden sie oft eine spannende Form der gemeinschaftlichen Jagd an. Beim sogenannten „Karussell“ werden Heringsschwärme an der Wasseroberfläche umzingelt und mit der weißen Bauchseite der Orcas und einem Netz aus Luftblasen zusammengetrieben. Dann schwimmen die Jäger in den Fischschwarm und schlagen mit den kräftigen Fluken, um die Fische zu betäuben und sie dann zu fressen.

Die Geschichte von Old Tom

In den frühen Jahren des 20. Jahrhunderts lebte ein männlicher Orca namens „Old Tom“ mit seiner Gruppe nahe der australischen Küstenstadt Eden. Von ihm ist bekannt, dass er den einheimischen Walfängern dabei half, Bartenwale in eine nahe Bucht zu treiben, wo sie dann von den Menschen erlegt werden konnten. Für seine Unterstützung erhielt er die Zungen der getöteten Wale als Belohnung, eine Lieblingsspeise der Schwertwale. Im Jahr 1930 starb „Old Tom“ im Alter von fast 90 Jahren.
Diese Zusammenarbeit zwischen Mensch und Schwertwal ging als „Gesetz der Zunge“ in die Geschichte Australiens ein. Auf diesem Foto siehst Du „Old Tom“ im Vordergrund vor dem Walfangboot.

Andere Gruppen von Schwertwalen jagen auch Robben, Bartenwale oder Delfine. Dabei haben sie weitere einzigartige Jagdstrategien entwickelt. So lassen sich Schwertwale mit der Brandungswelle an den Strand tragen, um dort Robben zu erbeuten, die sich hier in Sicherheit wähnen. Ein riskanter Plan, drohen die Schwertwale doch selbst dabei zu stranden.

Indischer Grindwal - der Tieftaucher

Grindwale heißen auch Pilotwale. Sie werden bis zu sieben Meter lang und vier Tonnen schwer. Dabei werden die Tiere im Norden des Verbreitungsgebiets bis zu einem Meter größer als die in südlichen Gewässern. Du kannst sie leicht durch die wulstige Kopfform von anderen Arten unterscheiden. Je älter der Wal, je ausgeprägter die Melone. Du erinnerst Dich, sie ist ein Zeichen des besonders guten Bio-Sonars.

Grindwale tauchen in Tiefen von 500 bis 1 000 Meter, um Tintenfische zu erbeuten. Sie sind daher häufig dort zu finden, wo der Meeresboden schnell sehr steil und in große Wassertiefen abfällt, am sogenannten Kontinentalschelf. Ihre Tauchgänge dauern über 15 Minuten.

Grindwale sind sehr sozial. Manchmal finden sich Gruppen von mehreren Hundert Tieren zusammen. Dabei helfen sich die Gruppenmitglieder bei Gefahr durch Feinde oder wenn Tiere schwach oder krank sind. So erklären sich Wissenschaftler auch die Massenstrandungen von Pilotwalen, die manchmal vorkommen: Wenn sich ein Leittier verirrt oder aus Schwäche strandet, folgt die ganze Gruppe, um zu helfen. Leider sterben dann immer wieder viele der Wale.

Traurige Strandungen an Neuseelands Küsten

Immer wieder stranden Grindwale an der Küste des „Farewell Spit“ in Neuseeland. Das Wasser ist hier sehr flach und die Strömung stark. Warum die Wale stranden, ist häufig dennoch ein Rätsel. Sind es die schwierigen Wetter- und Strömungsbedingungen, Krankheiten oder der von Menschen verursachte Unterwasserlärm? Wir wissen es nicht genau. Freiwillige versuchen die Tiere dann zu retten und ins tiefere Wasser zu leiten, zum Glück oft mit Erfolg.

Bei diesem Grindwal siehst Du gut die rundliche Stirn, die Melone. Sie spielt eine große Rolle für das Bio-Sonar der Delfine.

Großer Tümmler – der neugierige Weltenbummler

Viele Menschen haben den Großen Tümmler vor Augen, wenn sie an Delfine denken.

Mit vier Metern Länge kann der Große Tümmler bis zu 600 Kilogramm schwer werden. Die Art kommt in allen Weltmeeren vor, von den tropischen Meeren bis an die Küsten Schottlands. Gern wandern sie in Gruppen in den Meeren umher, bleiben, wo es ihnen gefällt und wo sie ausreichend Nahrung finden. Dabei haben eine Vorliebe für flache Küsten und Flussmündungen. Deshalb begegnen wir ihnen sehr regelmäßig, und manch eine Freundschaft hat sich schon zwischen Großen Tümmlern und Menschen entwickelt (siehe Seite 35). Trotz seines etwas plumpen und kräftigen Körperbaus ist der Große Tümmler ein echter Sprinter unter Wasser und ein sehr geschickter Jäger.

In ihren Gruppen haben Große Tümmler offenbar wie auch Du einen eigenen Namen: Schottische Wissenschaftler stellten fest, dass einzelne Tiere dafür ganz individuelle Pfiffe nutzen, die für alle anderen Gruppenmitglieder unverkennbar sind. Diese Pfiffe weichen von weiteren Signalen zum Beispiel für Räuber oder Beutefische ab, die alle Tiere einer Delfingruppe gemeinsam verwenden.

Große Tümmler sind die wohl bekanntesten Delfine

Selfie und Delfie zu Besuch in der Ostsee

Im Jahr 2015 besuchten zwei Große Tümmler über Wochen die Ostsee. Vermutlich waren sie Schwärmen von Heringen oder Sprotten gefolgt, einer ihrer Lieblingsspeisen. Zuerst wurden sie an der dänischen Küste, dann in den Gewässern Litauens und später über Wochen an der deutschen Küste zwischen Flensburg und Warnemünde beobachtet. Tausende Menschen machten sich auf den Weg an die Ostsee, um die zutraulichen Delfine zu treffen.
Immer wieder verbringen Tümmler und andere Delfinarten einige Wochen und Monate in der Ostsee, bleiben jedoch nicht dauerhaft und vermehren sich hier auch nicht.

Stundenglasdelfin und Gewöhnlicher Delfin

Einer der hübschsten aller Delfine hat einen ganz gewöhnlichen Namen: Der Gewöhnliche oder auch Gemeine Delfin ist gut an seiner schönen, grau-braunen Körperfärbung mit weißer Bauchseite zu erkennen. „Gemein“ bedeutet hier übrigens dasselbe wie „gewöhnlich“, nämlich dass es sich um einen recht häufigen Delfin handelt.

Gewöhnliche Delfine werden bis zu 2,50 Meter groß und 100 Kilogramm schwer. Der Körper ist schlank, und sie sind schnelle Schwimmer. Ihre Schnauze kann unterschiedlich lang sein, weshalb sich Walforscher lange Zeit uneinig waren, ob es vielleicht doch zwei verschiedene Arten gibt. Hier zeigt sich wieder, wie schwierig die systematische Einteilung der Delfine ist.

Gewöhnliche Delfine sind in Gruppen von etwa zehn Tieren, manchmal auch zu Hunderten unterwegs. Sie springen oft und reiten mit Vorliege auf den Bugwellen großer Schiffe. Gerne schwimmen sie zusammen mit anderen Meeressäugern und auch Seevögeln auf der Suche nach Fischschwärmen.

Die auffällige Färbung des Gewöhnlichen Delfins hat die Form einer Sanduhr, in der Seefahrt auch Stundenglas genannt, da sich früher die Seeleute an Bord in ihrem vierstündigen Wachrhythmus daran orientierten.

Wunderschön gefärbt präsentiert sich dieser Stundenglasdelfin

Der Gewöhnliche Delfin ist recht häufig, daher sein Name

Der eigentliche Stundenglas-Delfin ist jedoch eine andere Art, die erst Anfang des 19. Jahrhunderts entdeckt wurde und in den Gewässern des Südpolarmeers lebt, also in der Antarktis. Er hat einen kleinen, kräftigen Körper von maximal 1,90 Meter Länge mit einem auffälligen Schwarzweiß-Muster. Der weiße Streifen an beiden Seiten verengt sich auf Höhe der Rückenflosse, wodurch sich die namengebende Sanduhr- oder Stundenglas-Zeichnung ergibt.

Stundenglas-Delfine sind gesellig, finden sich in Gruppen von bis zu 60 Tieren zusammen und schwimmen auch immer wieder in Gesellschaft mit Pilotwalen oder großen Finnwalen.

Spinnerdelfin – Akrobat zwischen Luft und Wasser

Der Name Spinnerdelfin trifft den Nagel auf den Kopf: Immer wieder vollführen die Tiere spektakuläre Sprünge, wobei sie meterhoch aus dem Wasser schnellen und sich dabei um die eigene Längsachse drehen. Der Name bedeutet jedoch nicht, dass die Delfine verrückt geworden sind, sondern kommt vom englischen Wort für „sich drehen“: „to spin“. Du kennst das sicher vom Spielzeug „Fidget Spinner“.

Ihre schlanke Körperform und eine Länge von bis zu 2,20 Metern bei nur 75 Kilogramm Gewicht macht diese Art zum Akrobaten unter den Delfinen. Die geselligen Tiere leben in großen Schulen, also Gruppen von bis zu mehreren Hundert Tieren und bewohnen das offene Meer der warmen Tropen und Subtropen. Sie gelten als äußerst verspielt und nähern sich immer wieder Schiffen, um auf der Bugwelle zu reiten. Spinnerdelfine zu beobachten, ist ein großartiges Erlebnis und vermittelt eine einzigartige und ansteckende Lebensfreude.

Der Springer-König unter den Delfinen ist der Spinnerdelfin

Streifendelfin – gesellig und scheu zugleich

Ähnlich wie beim „sich drehenden“ engen Verwandten, dem Spinnerdelfin, macht es einfach nur Freude, Streifendelfine, auch Blau-Weiße Delfine genannt, zu beobachten. Das ist jedoch nicht immer einfach, da die Tiere zwar in großen Gruppen leben und in den tropischen und gemäßigten Meeren weit verbreitet sind, sich aber seltener als manch andere Art fahrenden Schiffen und damit uns Menschen nähern.

Die Längsstreifen gaben dem Streifendelfin seinen Namen

Streifendelfine haben eine schlanke Körperform mit kurzem Schnabel und werden bis zu 2,20 Meter lang und 150 Kilogramm schwer. Sie haben eine sehr schöne Körperzeichnung mit feinen Längsstreifen. Manchmal verschwimmt ihre weißgraue Grundfarbe ins Bräunliche, sodass sie dann mit dem Gewöhnlichen Delfin verwechselt werden können.

Delfine ohne Rückenflosse: Südliche Glattdelfine

Glatte und runde Delfine

Manchmal leiten uns die Namen von Delfinen in die Irre, manchmal aber sind sie auch besonders zutreffend, wie das Beispiel des Spinnerdelfins Dir schon gezeigt hat. Ähnlich ist es bei zwei weiteren Arten, die ich nun vorstellen möchte, dem Glattdelfin und dem Rundkopfdelfin.

Südlicher Glattdelfin – ups, da fehlt doch was?

Der französische Naturforscher Francois Péron mag seinen Augen nicht getraut haben, als er diese Art Anfang des 19. Jahrhunderts zum ersten Mal vor Tasmanien beobachtete, einer Insel südlich von Australien: Ein Delfin ohne Rückenflosse! Und so gab er ihm den treffenden Namen Südlicher Glattdelfin. Wenn es eine südliche Art gibt, existiert natürlich auch ein Nördlicher Glattdelfin. Er ist auf der anderen Seite der Erde zu Hause, im Nordpolarmeer.

Der Südliche Glattdelfin wird über zwei Meter groß und 100 Kilogramm schwer. Sein Vorderkörper ist massig, und er hat eine auffällige, schwarzweiße Färbung. Wir wissen heute noch nicht, warum ihm die Rückenflosse fehlt. Insgesamt gehören Glattdelfine zu den am wenigsten erforschten Meeressäugetieren überhaupt. Die wenigen wissenschaftlichen Beobachtungen sprechen von kleinen Gruppen, die sich schnell fortbewegen und in tiefem Wasser Jagd auf Fische und Tintenfische machen.

Rundkopfdelfin – mit dem Kopf durch die Wand

Wissenschaftler benennen alle Tierarten mit einem zweiteiligen Namen in lateinischer oder ins Lateinische übertragenen Sprache – dadurch können sie sich mit Kollegen in der ganzen Welt austauschen, und immer weiß jeder genau, welche Art gemeint ist. Der wissenschaftliche Name des Rundkopfdelfins lautet *Grampus griseus*, das bedeutet „groß und grau" und trifft schon einmal zu. Da dieser Art auch die für viele Delfinarten typische, lange und spitz ausgezogene Schnauze fehlt, passt auch der deutsche Name Rundkopfdelfin.

Erwachsene Tiere werden drei bis vier Meter lang und 500 Kilogramm schwer. Ihre kräftige Melone zeigt uns ähnlich wie schon beim Grindwal, dass wir es hier mit einem Jäger zu tun haben, der sich auch in die großen Tiefen der Ozeane traut. Dort macht er in absoluter Dunkelheit Jagd auf große Tintenfische. Wie dramatisch diese Kämpfe auf Leben und Tod zugehen müssen, davon zeugen die unzähligen Narben auf der Körperoberfläche erwachsener Rundkopfdelfine. Sehr alte Tiere wirken fast weiß. Sie sind weltweit anzutreffen, ziehen aber wärmere Gebiete vor.

Die Narben an der Körperoberfläche zeigen, dass Rundkopfdelfine ein aufregendes und gefährliches Leben in den Tiefen der Ozeane führen

Klein, selten und bedroht

Einige Arten von Delfinen und Zahnwalen kommen nur in sehr geringer Zahl und in sehr begrenzten Meeresgebieten vor. Das macht sie besonders anfällig für die Bedrohung durch uns Menschen. So ist es leider kein Zufall, dass die zwei kleinsten und seltensten Arten heute sehr stark bedroht sind: der Vaquita und der Maui-Delfin.

Maui-Delfin – Neuseelands seltenster Schatz

Der Maui-Delfin ist eine Unterart des Hector-Delfins. Beide leben ausschließlich in den Küstengewässern Australiens und sind räumlich durch die stürmische Cookstraße voneinander getrennt. Sie werden maximal 1,40 Meter groß und 60 Kilogramm schwer. Die Tiere haben einen kurzen, muskulösen Körper mit einer grauen Grundfarbe und zwei weißen, unterschiedlich großen Flecken an der Körperseite, auch „Finger" genannt.

Im Gegensatz zu vielen anderen Delfinen ist nicht nur ihre Schnauze spitz, sondern ihr ganzer Kopf läuft spitz zu. Während der Gesamtbestand der Hector-Delfine auf 3 000 bis 4 000 Exemplare geschätzt wird, sind es beim Maui-Delfin vermutlich nicht einmal mehr 50 Tiere. Trotz erster Schutzmaßnahmen gilt er insbesondere durch den Beifang in Fischernetzen als vom Aussterben bedroht.

Hilfe für die Maui-Delfine

Seit Jahren versuchen Artenschützer, das Überleben der kleinen Delfine zu sichern. Sie erforschen das Verhalten und die Verbreitung, sprechen mit Fischern und starten Kampagnen zum Schutz der seltenen Meeressäuger. Doch nur langsam werden Maßnahmen wie fischereifreie Gebiete und bessere Kontrollen umgesetzt. Bleibt zu hoffen, dass es für den Maui-Delfin noch nicht zu spät ist.

Sehr selten und extrem bedroht: der Maui-Delfin

Hier wurde eine der unmittelbar vom Aussterben bedrohten Vaquitas an Land gespült

Vaquita

Die Vaquita ist kein echter Delfin, aber nahe mit Delfinen verwandt

„Vaquita" (sprich: „Vakita") bedeutet auf Spanisch „kleine Kuh". Die Vaquita ist kein echter Delfin, sondern ein naher Verwandter, ein Schweinswal, und wird daher auch Kalifornischer Schweinswal oder Hafenschweinswal genannt.

Vaquitas leben ausschließlich in einem sehr kleinen Teil des Golfs von Kalifornien und werden bei einer maximalen Länge von 1,50 Metern nur 55 Kilogramm schwer. Zum Vergleich: Wie groß und schwer bist Du?

Diese zierlichen Meeressäuger leben nicht in Gruppen, sondern einzelgängerisch. Sie haben einen kleinen Kopf, lange Brustflossen und ihre Rückenfinne erinnert ein wenig an die eines Hais. Der Rücken ist dunkelgrau, der Bauch weiß, und um die Augen haben sie einen charakteristischen schwarzen Ring. Vaquitas sind scheu und leben in kleinen Gruppen von zwei bis vier Tieren.

Wie auch die Maui-Delfine sind die Vaquitas mit heute weniger als 50 Tieren vom Aussterben bedroht. Ihre Zahl ist in nur fünf Jahren um 90 Prozent zurückgegangen. Im Jahr 2017 haben Naturschützer einen Rettungsversuch für die letzten Vaquitas gestartet. Möglichst viele Tiere sollten gefangen und in eine Schutzzone umgesiedelt werden, um sich zu vermehren. Nachdem jedoch ein Tier durch den Stress beim Einfangen starb, wurde der Rettungsplan unterbrochen. Ihr Schicksal bleibt leider ungewiss.

Der Gewöhnliche Schweinswal lebt auch an unseren Küsten

Gewöhnlicher Schweinswal

Auch an unseren Küsten lebt ein kleiner Wal, der eng mit den Delfinen, aber noch näher mit der Vaquita verwandt ist. Der Gewöhnliche Schweinswal ist Deutschlands einziger heimischer Wal, das heißt, nur diese Art pflanzt sich in der deutschen Nord- und Ostsee fort. Er bewohnt die Küstengewässer Europas, kommt aber auch bis Grönland, Nordamerika, Alaska und Japan und im Schwarzen Meer vor. Der Schweinswal wird maximal 1,80 Meter groß und wiegt dabei bis zu 90 Kilogramm. Er hat die für Schweinswale typische abgerundete Kopfform und eine dunkelgraue bis schwarze Körperfarbe bei hellerem Bauch.

In der Ostsee unterscheiden wir zwei unterschiedliche Bestände. Die Tiere östlich der Ostseeinsel Rügen gelten dabei als vom Aussterben bedroht. Hier leben nur noch etwa 500 Tiere. Schweinswale sind gesellig und leben in Gruppen von vier bis seltener 20 Tieren.

Whale-Watching in Deutschland

Schweinswale gelten als scheu, nähern sich aber immer wieder den Küsten. Willst Du Schweinswale bei uns beobachten, dann geht das in der Ostsee am besten in der Flensburger Förde oder auf der Insel Fehmarn. In der Nordsee kann man den „Kleinen Tümmler“, wie der Schweinswal auch genannt wird, immer wieder an der Südspitze der Insel Sylt antreffen. Dort liegt ein für ihn eingerichtetes Walschutzgebiet.

Nicht salzig, sondern süß

Nicht alle Delfine leben im Meer, sondern einige besiedeln Süß- oder Brackwasser. Brackwasser ist mit Süßwasser gemischtes Meerwasser mit einem geringeren Salzgehalt. Zu den Brackwassermeeren gehört zum Beispiel auch die Ostsee.

Unter diesen Flussdelfinen gibt es echte Delfine, zum Beispiel manche Irawadidelfine, von denen einige nur den Mekong bewohnen, einen Fluss in Südostasien, oder den Amazonas-Sotalia aus Südamerika.

Daneben existieren auch einige Flussbewohner, die zwar auch „Delfin" heißen, jedoch zu anderen Zahnwalfamilien zählen. Zwei dieser Flussdelfine möchten Eule Xabi und ich Dir nun etwas genauer vorstellen.

Irawadidelfine leben teils an der Küste vor Flussmündungen, andere Bestände halten sich zeitlebens in Flüssen auf

Die Zähne zeigen, was Du isst

Als einzige Art der Zahnwale haben die Amazonasdelfine unterschiedlich geformte Zähne. Im Ober- und Unterkiefer besitzen sie je 48 bis 70 Stück, vorne spitz zum Fangen von Fischen, hinten flach zum Zerbeißen von Muscheln und Krebsen. Unverdauliche Schalen würgen die Amazonasdelfine wieder hervor und spucken sie aus.

Amazonasdelfin – Delfine mit Bart

Eine von weltweit fünf Arten dieser mit den echten Delfinen verwandten Flussdelfine ist der Amazonasdelfin – nicht zu verwechseln mit dem Amazonas-Sotalia, einer zweiten Art, die jedoch nur in der Mündung des größten Flusses Südamerikas lebt. Wie ihre Verwandten aus dem indischen Fluss Ganges oder dem südamerikanischen La Plata haben die Amazonasdelfine den Weg vollständig zurück ins Süßwasser gefunden. Dort treffen sie ganz andere Lebensbedingungen an und haben sich diesen angepasst. Sie haben nur sehr kleine Augen, da im trüben Flusswasser nicht die Augen, sondern die Tasthaare am Unterkiefer und ihr Biosonar entscheidend sind. Ihr Körper ist kürzer und dicker als bei den Delfinen im Meer, und anstatt einer Rückenfinne besitzen sie einen dreieckigen Rückenhöcker.

Amazonasdelfine sind die größte Art aller Flussdelfine und werden bis zu 2,80 Meter lang sowie 150 Kilogramm schwer. Die Körperfärbung ist Graubraun, mit rosafarbenem Bauch. Sie leben ausschließlich im Amazonas und Orinoko sowie deren Zuflüssen in Südamerika.

Hier siehst Du, wa- rum der Amazonasdelfin auch Rosa Delfin genannt wird.

Vermutlich schon für immer verschwunden ist der Chinesische Flussdelfin

Chinesischer Flussdelfin

Der Chinesische Flussdelfin, auch Baiji genannt, gehört zu den seltensten Zahnwalen weltweit. Vielleicht ist er sogar bereits verschwunden. Er wird bis zu 2,50 Meter groß und wiegt dabei bis zu 100 Kilogramm. Weibchen werden größer als Männchen. Die Körperfarbe ist Dunkelgrau, mit hellem Bauch, die typische Tarnfärbung vieler Wasserbewohner.

Baijis sind vermutlich blind, Ihre rückgebildeten Augen sind nicht mehr funktionstüchtig. Mit ihrer lang gestreckten Schnauze erbeuten sie mithilfe ihres stark ausgeprägten Biosonars überwiegend Fische. Sie sind sehr langsame Schwimmer und leben allein oder in kleinen Gruppen.

Ausgestorben – oder noch nicht?

Baijis stehen seit 1975 unter strengem Schutz. Doch Verschmutzung und Wasserkraftwerke in ihrem Lebensraum, dem Jangtse-Fluss, hatten bis zum Jahr 2006 zu ihrem Aussterben geführt. Seitdem gibt es zwar Meldungen, einzelne Exemplare seien in der Flussmündung des Jangtse gesichtet worden, aber selbst wenn das der Fall sein sollte, geht die Art wohl unaufhaltsam dem endgültigen Ende entgegen. Ein trauriges Beispiel dafür, wie wir Menschen Verantwortung tragen, dass Tierarten für immer verschwinden.

Großes Delfin-Quiz

Du weißt jetzt schon gut Bescheid über Delfine. Bestimmt kannst Du Deinen Freunden und Verwandten Spannendes über dieses faszinierenden Tiere erzählen. Hast Du Lust, Dein Wissen zu testen? Dann kreuze bei jeder Frage die Antwort mit Bleistift an, die Du für richtig hältst. Manchmal sind auch mehrere richtige Antworten möglich. Auf Seite 64 findest Du die Lösungen. Viel Spaß!

1. Zu welcher großen Tiergruppe gehören die Delfine?

a) Fische ❍
b) Amphibien ❍
c) Meeressäugetiere ❍

2. Wie viele Arten von Walen und Delfinen unterscheiden wir heute?

a) nur 2 ❍
b) etwa 90 ❍
c) mehr als 250 ❍

3. Delfine atmen durch:

a) wie Menschen durch Lungen ❍
b) wie Fische durch Kiemen ❍
c) wie Frösche über die Haut ❍

4. Das Rostrum ist:

a) die spitz zulaufende Schnauze ❍
b) die große Schwanzflosse ❍
c) das Blasloch ❍

5. Wie schützen sich Delfine vor Kälte?

a) mit einem dichten Fell ❍
b) sie meiden kaltes Wasser ❍
c) durch eine dicke Speckschicht, den „Blubber“ ❍

6. Wie tief können Pilotwale tauchen?

a) etwa 100 Meter ❍
b) bis zu 1 000 Meter ❍
c) bis zum tiefsten Punkt der Meere, dem Marianengraben mit etwa 11 000 Meter Tiefe ❍

7. Warum springen Delfine aus dem Wasser?

a) um Beute zu jagen ❍
b) manchmal einfach aus Freude ❍
c) um schneller und kraftsparend zu wandern ❍

8. Was ist die Echolokation?

a) ein spezieller Dialekt der Schwertwale ❍
b) das komplexe Biosonar der Zahnwale ❍
c) es dient der Kommunikation und Jagd der Delfine ❍

9. Die Geburt eines Delfins:

a) findet an der Wasseroberfläche statt ❍
b) findet am Meeresboden statt ❍
c) findet mit der Schwanzflosse voran statt ❍

10. Wale und Delfine sind eng verwandt mit:

a) Elefanten und Nashörnern ❍
b) Seehunden ❍
c) Flusspferden ❍

11. Delfine ernähren sich

a) überwiegend von Fischen ❍
b) von Tintenfischen, Muscheln und Krebsen ❍
c) sie filtern Plankton aus dem Wasser ❍

12. Wer ist „Fungie“

a) der Tiertrainer vom Delfin „Flipper“ ❍
b) eine seltene Delfinart an den Küsten Neuseelands ❍
c) ein bekannter, allein lebender Delfin ❍

13. Wann endete die industrielle Jagd auf Wale?

a) 1986 ❍
b) 2011 ❍
c) Wale und Delfine werden auch heute noch gejagt ❍

14. Wie viel Plastikmüll gelangt jedes Jahr in die Weltmeere?

a) 100 000 Tonnen ❍
b) 8 Millionen Tonnen ❍
c) eine LKW-Ladung pro Minute ❍

15. Delfine sind heute bedroht durch:

a) Überfischung und Jagd ❍
b) Unterwasserlärm ❍
c) Müll im Meer ❍

16. Whale Watching

a) ist die Jagd der Ureinwohner Grönlands auf Wale ❍
b) der Besuch eines Delfinariums ❍
c) die Begegnung mit Walen und Delfinen in der Natur ❍

17. Wie alt wird ein Schwertwal?

a) 20 Jahre ❍
b) bis zu 90 Jahre ❍
c) über 200 Jahre ❍

18. Welche Jagdstrategien haben Delfine entwickelt?

a) sie bilden ein Netz aus Luftblasen ❍
b) sie schlagen mit der Schwanzflosse aufs Wasser ❍
c) sie lassen sich mit der Welle auf den Strand tragen ❍

19. Wie hießen die Großen Tümmler, die 2016 die Ostsee besuchten?

a) Tim und Struppi ❍
b) Maja und Willi ❍
c) Selfie und Delfie ❍

20. Welcher Wal lebt ganzjährig an der deutschen Nord- und Ostseeküste?

a) Gewöhnlicher Schweinswal ❍
b) Streifendelfin ❍
c) Rundkopfdelfin ❍

Lösungen zum Delfin-Quiz

1) c: Delfine sind Säugetiere. Gemeinsam mit den Robben, Seeottern und Seekühen werden alle Wale als Meeressäugetiere zusammengefasst.
2) b: Wissenschaftler unterscheiden heute knapp 90 Arten, darunter 75 Zahn- und 14 Bartenwale.
3) a: Delfine atmen wie alle Säugetiere mithilfe ihrer Lungen.
4) a: Das Rostrum ist die spitz zulaufende Schnauze der Delfine und wichtig für ihren stromlinienförmigen Körperbau.
5) c: Der „Blubber" ist eine dicke Speckschicht und dient dem Kälteschutz und als Energiereserve.
6) b: Unter den Delfinen erreichen die Pilotwale die größten Tauchtiefen von bis zu 1 000 Metern.
7) a, c: Sind Delfine auch perfekt an das Leben im Wasser angepasst, so springen sie zur Jagd oder zum schnellen und kraftsparenden Schwimmen doch immer wieder aus dem Wasser. Manchmal ist es vermutlich auch einfach pure Lebensfreude.
8) b, c: Die Echolokation ist ein hoch entwickeltes Biosonar aller Zahnwale. Es dient der Kommunikation, der Navigation und der Jagd.
9) c: Jedes Delfinbaby wird mit der Schwanzflosse voran geboren, um bei Komplikationen nicht zu ertrinken.
10) c: Die nächsten mit den Delfinen verwandten Landsäugetiere sind Flusspferde.
11) a, b:Delfine fressen überwiegend Fisch, einzelne Arten auch Muscheln, Krebse oder auch andere Meeressäugetiere.
12) c: Fungie ist ein berühmter, allein lebender Delfin in der Nähe des irischen Küstenortes Dingle.
13) a, c: Seit 1986 gilt ein internationales Verbot der Waljagd zu wirtschaftlichen Zwecken, das sogenannte Walfangmoratorium. Doch auch heute werden noch Wale in Japan, den Färöer Inseln oder auch Grönland gejagt.
14) b, c: Jahr für Jahr gelangen ca. 8 Millionen Tonnen Plastikmüll allein von Land in die Weltmeere, das entspricht einer LKW-Ladung pro Minute.
15) a, b, c: Delfine sind heute vielfältig bedroht. Sie werden bejagt, und die Überfischung, der Unterwasserlärm und immer mehr Müll im Meer machen ihnen das Überleben schwer.
16) c: Als Whale Whatching oder auch Dolphin Whatching bezeichnen wir das Beobachten von Walen und Delfinen in der freien Natur.
17) b: Das höchste Alter unter den Delfinen erreichen Schwertwale mit bis zu 90 Jahren.
18) a, b, c: Alle drei Antworten sind richtig!
19) c: Die beiden Delfine, die sich im Jahr 2016 über Wochen in der Ostsee aufhielten, bekamen die Namen „Selfie" und „Delfie".
20) a: Der einzige heimische Wal an unseren Küsten ist der Gewöhnliche Schweinswal.

Entdecke die Reihe mit der Eule!

Entdecke die Eulen

Entdecke die Greifvögel

Entdecke die Geier

Entdecke die Rabenvögel

Entdecke die Spechte

Entdecke die Finken

Entdecke die Spatzen

Entdecke die Eisvögel

Entdecke die Zugvögel

Entdecke die Singvögel

Entdecke die Meisen

Entdecke die Kraniche

Entdecke die Störche

Entdecke Schwäne, Gänse & Enten

Entdecke die Möwen

Entdecke die Pinguine

Entdecke die Papageien

Entdecke die Kolibris

Entdecke die Fledermäuse

Entdecke die Hunde

Entdecke die Kühe

Entdecke die Pferde

Entdecke die Esel

Entdecke die Nagetiere

Entdecke die Igel

Entdecke die Waschbären

Entdecke die Biber

Entdecke die Otter

Entdecke heimische Wildtiere

Entdecke die Wölfe

Entdecke die Bären

Entdecke die Tiger

Entdecke die Menschenaffen

Entdecke Affen und Lemuren

Entdecke die Pandas

Entdecke die Elefanten

Entdecke die Nashörner

Entdecke die Erdmännchen

Entdecke die Beuteltiere

Natur und Tier - Verlag GmbH
An der Kleimannbrücke 39/41 · 48157 Münster
Telefon: 0251 - 13339-0 · Fax: 0251 - 13339-33
E-Mail: verlag@ms-verlag.de · www.ms-verlag.de